ÉTUDE

SUR UN NOUVEAU MODE DE TRAITEMENT

DES

RÉTRÉCISSEMENTS DE L'URÈTHRE

PAR LA DILATATION

(DILATATION IMMÉDIATE PROGRESSIVE DU PROFESSEUR LE FORT)

PAR

J. JANICOT,

Docteur en médecine de la Faculté de Paris,
Ancien aide-major aux armées de la Loire et de l'Est.

PARIS

V. A. DELAHAYE ET Cᵉ, LIBRAIRES ÉDITEURS,

PLACE DE L'ÉCOLE-DE-MÉDECINE.

1877

ETUDE

SUR UN NOUVEAU MODE DE TRAITEMENT

DES

RÉTRÉCISSEMENTS DE L'URÈTHRE

Les rétrécissements du canal de l'urèthre constituent, ce nous semble, le chapitre le plus important de la pathologie des voies génito-urinaires de l'homme. Pour s'en convaincre, il suffit de se rappeler l'extrême fréquence de ces rétrécissements, leur marche, qui est essentiellement bien que lentement progressive, si on les abandonne à eux-mêmes, la multiplicité des traitements employés contre eux, enfin et surtout les complications extrêmement nombreuses et parfois singulièrement graves qu'ils entraînent à leur suite ou que provoquent les divers procédés de traitement usités.

Cette importance des rétrécissements, sur laquelle il nous paraît inutile d'insister davantage, explique qu'ils aient attiré de tout temps l'attention des chirurgiens et provoqué dans ces dernières années, surtout au point de vue de leur cure, des travaux nombreux et dont plusieurs sont remarquables. Cette question du traitement est, en effet, et de beaucoup, la plus importante comme aussi la plus délicate et la plus controversée, tant sont nombreux les procédés de traitement, divers les cas particuliers qui s'offrent à l'observation journalière, différentes enfin les indications que présente chacun de ces cas.

Trois grandes méthodes, la dilatation, la divulsion et l'uréthrotomie interne, se partagent, à l'heure présente, la faveur des chirurgiens. Dans ces dernières années, M. le professeur Léon Le Fort a imaginé deux nouveaux procédés de dilatation qu'il propose de désigner l'un, sous le nom de: *dilatation progressive immédiate*, l'autre sous celui de *dilatation rapide*.

Ces procédés, que nous avons eu la bonne fortune de voir appliqués maintes fois dans le services de M. Le Fort, à l'hôpital Beaujon, ont donné depuis sept ans à ce chirurgien des résultats très-remarquables à l'occasion desquels il a fait à l'Académie de médecine une communication des plus intéressantes dans la séance du 7 novembre dernier. Avec une bienveillance dont nous nous faisons un devoir de le remercier ici, M. le professeur Le Fort a voulu nous permettre de faire de leur exposition et de leur étude critique le sujet de ce travail, nous communiquer un certain nombre d'observations et enfin nous guider de ses conseils. Nous le prions d'agréer l'expression de notre profonde et respectueuse gratitude.

GÉNÉRALITÉS — INSTRUMENTATION ET MANUEL OPÉRATOIRE.

Avec M. Voillemier on peut dire que les rétrécissements du canal de l'urèthre sont constitués « par une altération des tissus normaux de ce conduit ou par la production d'un tissu nouveau qui en privant les parois de l'urèthre de leur souplesse, et cela d'une manière permanente, les empêche de céder à l'impulsion de l'urine et de s'écarter pendant la miction. »

Suivant que les rétrécissements sont constitués par des altérations des tissus normaux ou par un tissu de nouvelle formation, M. Voillemier les divise en *inflammatoires* et *cicatriciels*.

Les derniers, incomparablement moins fréquents que les premiers, sont dus, le plus souvent, à des traumatismes intéressant le canal de l'urèthre et au tissu modulaire qui leur succède. Les rétrécissements inflammatoires se rattachent à une inflammation simple ou spécifique du canal, inflammation qui peut se limiter à la muqueuse ou, au contraire, intéresser les couches sous-jacentes (tissu cellulaire sous-muqueux et tissu spongieux).

Au point de vue pratique, on peut dire que la blennorrhagie est la véritable cause des rétrécissements de l'urèthre. On la trouve notée à peu près dans les 9⁄10 des observations. « Elle est, dit Rollet, la cause habituelle des rétrécissements ». Or, comme ces derniers, soit par eux-mêmes, soit par les opérations qu'ils nécessitent, soit surtout par la négligence des malades qui en sont porteurs, amènent assez souvent des accidents graves, les uns à marche aiguë, les autres à marche lente et insidieuse, on pourrait vraiment se demander, ce nous semble, si tout compte bien fait, la blennorrhagie n'est pas de nos jours, et à une époque où le mercure et l'iodure de potassium rendent tant de services dans le traitement de la syphilis, une maladie aussi grave que la vérole. Nous inclinerions volontiers pour l'affirmative, mais il n'est pas de notre sujet d'insister sur ce point, et si nous en avons dit un mot ici, c'est seulement afin de mieux faire ressortir l'importance des rétrécissements et, comme corollaire, celle des traitements aptes à les combattre avec succès et sans dangers sérieux.

Si, en se plaçant au point de vue de l'anatomie pathologique principalement, on peut, comme l'a fait M. Voillemier dans son remarquable ouvrage, diviser les rétrécissements en inflammatoires et cicatriciels, au point de vue essentiellement pratique de leur traitement, — notamment par la dilatation à laquelle se rattache notre travail, — il est bon de les ranger en deux catégories, savoir :

1° Les rétrécissements infranchissables ;

2° Les rétrécissements franchissables, ces derniers se subdivisant à leur tour en rétrécissement *facilement* franchissables ou *difficilement* franchissables. M. le Dr Martin, dans son excellente thèse (1), divise même, non sans raisons, les rétrécissements difficilement franchissables en deux catégories distinctes suivant qu'il existe ou qu'il n'existe pas de complications nécessitant une intervention immédiate. Toutes ces distinctions nous paraissent amplement justifiées. Nous aurons, du reste, à les utiliser maintes fois.

(1) Etude clinique sur le traitement de quelques complications des rétrécissements de l'urèthre, 1875.

Le point de départ des deux procédés de dilatation imaginés par M. le professeur Le Fort, et notamment du procédé de dilatation immédiate progressive, est le fait constant de la dilatabilité et de la dilatation d'un rétrécissement quelconque quand on y laisse séjourner, pendant un certain temps et à frottement un peu serré, une bougie ou une sonde. Nous n'insistons pas sur ce fait sur lequel nous aurons à revenir un peu plus loin. Nous nous contentons de dire que lorsqu'on a ainsi rendu, par la bougie à demeure, le rétrécissement plus dilatable, plus malléable, on peut le dilater assez facilement, soit par des bougies ou des sondes en gomme ordinaires, s'il offre peu de résistance et s'il est relativement peu étroit, soit dans des conditions opposées, par des instruments métalliques dont la puissance est plus considérable. Ce sont précisément des instruments de ce genre qu'emploie M. Le Fort dans son procédé de dilatation immédiate progressive que nous allons immédiatement décrire.

L'appareil instrumental employé par ce chirurgien est des plus simples. Il se compose : 1° de bougies conductrices, 2° et surtout de cathéters métalliques. Ce sont ces derniers qui constituent la partie vraiment originale de l'instrumentation et du procédé.

A. *Bougies.*

Les bougies conductrices destinées, comme nous l'expliquerons plus loin, à préparer la voie aux cathéters dilatateurs présentent de grandes analogies avec celles dont on se sert généralement aujourd'hui pour l'uréthrotomie interne. Destinées à franchir des rétrécissements pour la plupart étroits, elles sont plus ou moins filiformes. Leur

graduation est celle de la filière Charrière au 1⎧3 de millimètre, Le plus fin numéro, n° 1, correspond donc à 1⎧3 de
millimètre de diamètre, mais il est rare, dans la pratique,
qu'on soit obligé de recourir à une bougie d'un calibre aussi
petit et que le rétrécissement, pour étroit qu'il soit, ne
puisse admettre des n°ˢ 3, 4 5 et même 6 et 7 de la filière
Charrière.

Les bougies dont se sert M. Le Fort sont coniques, le
sommet du cône correspondant, on le devine, à l'extrémité
vésicale. Elles ressemblent beaucoup à la bougie dont on
se sert pour l'uréthrotomie interne. Comme elle, en effet,
elle se termine au talon par un ajutage métallique, creuse
d'un pas de vis auquel correspond un pas de vis taillé sur
l'extrémité antérieure des cathéters métalliques. La description ultérieure du procédé de dilatation immédiate progressive indiquera suffisamment l'importance qui s'attache
à la solidité du pas de vis de la bougie conductrice et des
cathéters. Le cathéter étant, en effet, destiné à repousser
devant lui jusque dans la vessie, où elle se recourbe en spirale, la bougie conductrice, il est de toute évidence que
cette dernière doit être solidement fixée au cathéter afin de
pouvoir être ramenée sûrement par lui.

La bougie conductrice de M. Le Fort diffère cependant
de celle de l'uréthrotome Maisonneuve par deux particula-
rités : 1° elle se termine à l'extérieur par une petite plaque
mobile vissée sur l'ajutage métallique et destinée simplement à recevoir les fils qui permettent de maintenir la bougie à demeure dans le canal ; 2° dans le but d'augmenter
a résistance de la bougie du côté de l'armature et d'éviter
ainsi qu'elle ne se recourbe sur elle-même au niveau de
l'obstacle que lui offre le rétrécissement, M. Le Fort a imaginé de faire placer à l'intérieur de la bougie, du côté correspondant à l'armature extérieure, une mince tige en

baleine , longue de 5 à 6 centimètres, qui peut, avec tout autant d'avantage, être remplacée par 4 crins de Florence d'égale longueur et soudés ensemble ou encore par un fil d'acier.

Cette adjonction, indiquée il y a 6 ans par M. Le Fort à M. Benas, fabricant d'instruments de chirurgie en gomme, a été appliquée depuis par ce dernier à toutes les bougies conductrices, notamment à celles de l'uréthrotome. Par cet artifice, la résistance de l'extrémité de la bougie qui correspond à l'armature extérieure est augmentée. Aussi ne voit-on plus la bougie se replier ou même se briser à ce niveau, comme il était assez fréquent de l'observer avec les anciennes bougies.

Les bougies qu'emploie généralement M. le professeur Le Fort sortent des ateliers de M. Bénas, que l'Académie de médecine vient de récompenser récemment. Elles sont tissées d'une substance désignée commercialement sous le nom de crin de Florence ou intestins de vers à soie, bien qu'elle provienne exclusivement, en réalité, des glandes salivaires des vers à soie. Les bougies à crins de Florence présentent les deux grands avantages réunis d'une grande souplesse et d'une grande solidité. Leur solidité, même sous un diamètre très-petit comme celui de 1 millimètre est tel qu'elles résistent absolument à toute tentative de brisure et à de grands efforts de traction. On est donc ainsi à l'abri des complications souvent graves qu'amenait fréquemment jadis la rupture des bougies solides passées au travers des rétrécissements. On n'a pas à craindre, non plus, de voir la bougie se replier en deux et sa pointe sortir par le méat alors qu'on la croyait dans la vessie. D'autre part, malgré leur solidité remarquable qui, à ce point de vue surtout, les place bien au-dessus des bougies ordinaires en gomme, les bougies en crins de Florence sont très-souples et d'une grande malléabilité. Comme l'a dit M. le professeur Dol-

beau dans le rapport fait à ce sujet à l'Académie de médecine, on peut leur faire prendre par un simple massage
toutes les formes que la pratique a indiquées comme propres à faciliter le cathétérisme dans ces rétrécissements que
leur étroitesse, leur situation latérale sur les parois du
canal, ou leurs sinuosités rendent parfois si difficiles à franchir. On peut donc couder ces bougies, les recourber en
baïonnette, en spirale, en S italique, etc., etc., et maintenir par le procédé de collodionnage imaginépar M. Curtis.
dans le service de M. Guyon, la forme qu'on a jugé convenable de donner à leur extrémité uréthrale.

Si nous avons autant insisté sur ces petites particula-
rités c'est qu'elles ont à nos yeux, dans la pratique, une
importance beaucoup plus grande qu'on ne pourrait le
croire au premier abord. L'expérience journalière des services spéciaux montre sans cesse de quel poids pèsent,
dans les cathétérismes difficiles, ces mille riens.

B. CATHÉTERS.

Après avoir parlé de la partie accessoire de l'instrumentation du procédé de M. Le Fort, la bougie conductrice,
nous arrivons à la partie importante et nouvelle, les cathéters métalliques, destinés, eux, à dilater, à forcer le rétrécissement.

Ils sont fabriqués par M. Collin, et sont en maillechort.
Il va de soi qu'on pourrait, sans autre inconvénient qu'une
différence considérable dans le prix, les construire en argent. Le jeu complet comprend trois cathéters seulement.
Leur longueur est sensiblement celle d'une sonde d'homme
ordinaire, mais leur rayon de courbure est un peu plus
grand. Il correspond, en effet, à peu près à 1/4 de cercle.

Dans les trois cathéters il faut distinguer une portion conique, courbe, et une portion cylindrique, droite.

La portion conique a une étendue de 5 à 6 cent. à partir du bec. Cette étendue mesure elle-même celle de la courbure du cathéter. Ce dernier, par conséquent, à 5 ou 6 cent. du bec devient de conique et courbe qu'il était, cylindrique et droit. La portion courbe correspond, on le conçoit, à la région membraneuse du canal de l'urèthre.

Le bec des trois cathéters est muni, à son extrémité antérieure, d'un pas de vis sur lequel on visse l'ajutage métallique que nous avons dit exister au talon de la bougie conductrice.

Dans les trois cathéters, le bec a le même diamètre à la pointe, c'est-à-dire au niveau du pas de vis. Ce diamètre correspond au n° 6 de la filière métrique de Charrière, soit à 2 millim.; mais le diamètre de la portion conique des cathéters va en s'augmentant plus rapidement, à partir du bec, suivant le numéro du cathéter. Ceci demande quelques courts éclaircissements.

Les trois cathéters ont, nous venons de le dire, 2 millim. de diamètre à l'extrémité antérieure de leur bec et, d'autre part, la longueur de la portion conique et recourbée est la même dans les trois numéros. Or, la partie la plus renflée de cette portion conique et recourbée correspond :

Pour le cathéter n° 1, le plus petit, au n° 9 Charrière

   —   n° 2, le moyen — n° 15 —

   —   n° 3, le plus gros — n° 21 —

Ce qui revient à dire que la partie la plus renflée de la portion conique des trois cathéters — 3 millim. dans le cathéter n° 1; 5 millim. dans le cathéter n° 2 et enfin 7 millim. dans le cathéter n° 3.

Quant à la portion cylindrique et droite des trois cathéters, son diamètre est et reste celui du plus grand diamètre de la portion conique et courbe. Il répond, par conséquent, pour le cathéter n° 1 au n° 9 Charrière, pour le cathéter n° 2 au 15 Charrière, et enfin pour le cathéter n° 3, le plus gros, au n° 21 de la même filière. Il suit de là qu'un rétrécissement peut-être dilaté à 3 millim. avec le cathéter n° 1 ; à 5 millim. avec le n° 2, et à 7 millim. avec le cathéter n° 3.

Après avoir décrit d'une façon aussi complète et aussi claire que possible les quelques instruments nécessaires à l'application du procédé de dilatation que ce travail a pour but de faire connaître, nous arrivons à la description du manuel opératoire de la dilatation immédiate progressive. Il nous suffira de l'exposer pour montrer qu'il est, comme l'instrumentation, d'une remarquable simplicité.

Disons tout d'abord que la dilatation immédiate progressive du professeur Le Fort suppose de toute nécessité qu'on a pu faire franchir le rétrécissement à une des fines bougies conductrices dont nous avons parlé. C'est là, en quelque sorte, le premier temps de l'opération. L'introduction de cette bougie ne présente absolument rien de spécial. Elle doit se faire d'après les règles ordinaires, en se conformant aux précautions que l'expérience et la pratique des maîtres les plus autorisés ont démontrées nécessaires ou utiles, et dont la principale est l'absence de toute manœuvre violente. L'énumération des moyens à employer pour arriver à surmonter les difficultés de cathétérisme que présentent si souvent les rétrécissements étroits, à parois indurées ou à orifice latéral n'entrent pas dans notre sujet. C'est à dater du moment où on a introduit la bougie que commence véritablement notre traitement dont la durée doit être également calculée à partir de ce même moment.

La bougie une fois introduite à travers le rétrécissement est poussée jusque dans la vessie. Nous avons donc ainsi un conducteur qui a franchi l'obstacle ; mais alors, contrairement à ce qui se fait dans l'uréthrotomie interne et dans la divulsion où l'on procède séance tenante à l'opération, M. Le Fort laisse séjourner 24 heures au moins, sa bougie conductrice dans le canal. Elle est retenue en place au moyen de la petite plaque mobile que l'on visse à l'ajutage métallique de son talon et à laquelle s'attachent les fils fixateurs. Même dans des cas de rétrécissements très-étroits où la bougie est étroitement serrée entre les parois du canal, — et ce sont des cas de ce genre qui servent de type à notre description, — on voit très-généralement l'urine s'écouler entre la bougie et les parois de l'uréthre. Il n'y a donc pas à appréhender que la bougie à demeure entrave, même dans ces cas, la miction.

Cette opinion qui est exprimée tout au long dans l'excellente thèse de M. Martin s'est vérifiée pleinement dans les cas que nous avons vus traiter par le procédé de M. Le Fort.

Les motifs qui ont conduit le savant chirurgien de Beaujon à laisser ainsi à demeure, pendant un jour en général, quelquefois deux, sa bougie conductrice dans le canal, ces motifs, dis-je, reposent sur les modifications physiologiques très-importantes que produit, sur les tissus du rétrécissement, le contact prolongé de la bougie. Ces modifications se traduisent constamment par un certain degré de dilatation qu'on constate dès le lendemain par ce fait que la bougie qui n'avait réussi à franchir le rétrécissement qu'à frottement dur la veille y joue assez librement.

Ce phénomène, qui suppose nécessairement une diminution de la rigidité et de l'inextensibilité premières du rétrécissement, a été observé depuis longtemps par les chirurgiens. C'est même sur lui que repose le principe de la méthode de la dilatation permanente, mais, d'accord sur le fait, les chirurgiens ne l'ont pas été sur son explication. Quatre théories principales ont été émises :

1° Celle de la dilatation vitale (Hunter, Dupuytren, Velpeau);

2° Celle du spasme du canal, spasme qui diminuerait ou plutôt disparaîtrait par la pression de la bougie (Civiale);

3° Celle de l'action mécanique des bougies, admise notamment par Thompson et Guyon;

4° Celle de la dilatation inflammatoire, soutenue par Voillemier.

La première de ces théories est abandonnée aujourd'hui. La deuxième et la troisième peuvent bien expliquer la dilatation brute, appréciable, que l'on constate, mais la quatrième nous semble expliquer non-seulement le fait matériel d'une certaine dilatation, mais encore et surtout, ce qui est plus important à nos yeux, la dilatabilité que l'on pourra, que l'on devra utiliser et qui l'est pleinement dans le procédé de M. Le Fort dont elle donne, en quelque sorte, la clef, en même temps qu'elle en fournit la justification. Quant au processus de cette dilatation inflammatoire, il a été très-clairement expliqué par M. Voillemier et ne présente du reste rien qui le différencie de l'inflammation en général. La bougie, corps étranger, irrite les tissus du rétrécissement. Cette irritation provoque un afflux sanguin, ramollit les parois indurées du rétrécissement et en provoque la résorption.

Quoi qu'il en soit, du reste, des théories, ce qui est incontestable et nous importe surtout ici, c'est le double fait de la dilatation et de la dilatabilité du rétrécissement amenées par le séjour de la bougie conductrice que M. Le Fort laisse généralement en place pendant vingt-quatre heures, quelquefois pendant quarante-huit. Après ce laps de temps, il suffit de lui imprimer des mouvements de va et vient pour constater qu'elle joue librement dans le rétrécissement. On dévisse alors la plaque mobile qui servait à maintenir la bougie à demeure ; puis, sans retirer cette dernière du canal, on visse à l'ajutage métallique de son talon le cathéter métallique n° 1 dont le diamètre, comme nous l'avons dit, est de 2 millim. à la pointe du bec et de 3 millim. au niveau de la partie la plus large de la portion conique. Saisissant ce cathéter, préalablement huilé, et la verge du malade, comme pour le cathétérisme ordinaire, on pousse doucement, lentement, l'instrument qui, grâce à sa forme conique, pénètre le rétrécissement à la manière d'un coin, et le fait passer successivement par tous les diamètres compris entre 2 et 3 millim. La bougie conductrice trace la voie au cathéter, d'autant mieux qu'elle présente, comme nous l'avons dit, dans les 5 à 6 cent. de son talon, une résistance assez forte due à la tige de baleine centrale. Grâce à cette résistance de son talon, la bougie ne risque pas de se recourber et de faire, de la sorte, dévier le cathéter.

Le cathéter métallique devant être poussé à peu près en entier dans le canal, on devine que la bougie conductrice est repoussée par lui. Elle pénètre, en effet, dans la vessie et se recourbe sur elle-même dans cet organe. On comprend par là combien il est utile que sa pointe soit légèrement mousse, de façon à ne pas blesser la muqueuse vésicale, et combien il est indispensable que cette même pointe soit à la fois résistante et souple : résistante pour ne pas se briser dans la vessie, ce qui constituerait un accident grave, souple pour pouvoir s'y recourber. Le crin de

Florence dont elle est tissée réalise précisément ces deux avantages considérables.

Le cathéter n° 1 ayant ainsi franchi le rétrécissement, on lui imprime, toujours avec douceur, quelques mouvements de va et vient, de manière à agir alternativement sur l'obstacle d'avant en arrière et d'arrière en avant. Ceci fait, on retire l'instrument. Il ramène nécessairement avec lui la bougie conductrice à laquelle il est vissé ; mais dès que le talon de cette dernière réapparaît au méat, on le saisit avec les doigts de la main libre et l'on maintient la bougie dans le canal. On dévisse alors le cathéter n° 1 pour lui substituer le cathéter n° 2 dont le diamètre est le même à la pointe. En ne retirant point la bougie conductrice, on ne s'expose pas au danger de ne plus pouvoir retrouver, dans le second cathétérisme, le chemin du rétrécissement.

Le passage du cathéter n° 1 est, même dans des cas de rétrécissements très-étroits et très-serrés, remarquablement facile. Il porte cependant, et de suite, à 3 millimètres un rétrécissement qui n'avait admis qu'avec peine, le jour précédent, une bougie conductrice des n°s 5, 4, et même 3, 2 ou 1, de la filière Charrière.

Le cathéter n° 2, que l'on vient de substituer au n° 1, a, comme le précédent, 2 millimètres à la pointe ; mais, par une progression plus rapide, il atteint à la base de sa portion conique 5 millimètres (n° 15 Charrière), soit 2 millimètres de plus que le cathéter n° 1. La manœuvre pour l'introduction est exactement la même que précédemment ; et ce qu'il y a de plus remarquable, c'est qu'elle s'exécute avec une facilité pour ainsi dire égale et sans être sensiblement douloureuse pour le malade. On a, cependant, en quelques minutes, porté la dilatation à 5 millimètres, ce qui est déjà un résultat fort convenable.

Il est excessivement rare qu'on soit obligé de s'arrêter

après le passage du cathéter n°1. Cela ne s'est, croyons-nous, jamais rencontré dans les cas, pourtant assez nombreux, que nous avons vu traiter dans le service du professeur Le Fort. Mais il n'en est pas tout à fait de même pour le cathéter n° 3 dont le diamètre maximum = 7 millimètres, soit le n° 21 de la filière Charrière. Dans les 2/3 des cas en ron — et nous ne parlons toujours, bien entendu, que de rétrécissements étroits, — l'introduction, par les mêmes procédés, de ce troisième cathéter, est possible et se fait. Mais parfois, soit que le rétrécissement fût extrêmement étroit et induré, soit en raison d'une susceptibilité nerveuse plus grande du malade, on s'arrête après le n° 2. La facilité ou la difficulté relatives du passage du n° 2, la tolérance parfaite ou, au contraire, une certaine souffrance manifestée par le malade, enfin, le degré de résistance et d'extensibilité du rétrécissement, sont précisément les conditions qui indiquent si on doit passer le cathéter n° 3 ou s'il est préférable de s'arrêter après le n° 2.

La conduite subséquente à tenir varie dans les deux cas. Si on a cru devoir se limiter au cathéter n° 2, on le retire avec la bougie conductrice que l'on remplace par une bougie ou une sonde d'un plus fort calibre et que l'on laisse encore à demeure pendant vingt-quatre heures. Après ce temps, on recommence les mêmes manœuvres de dilatation, mais on passe cette fois le cathéter n° 3, qui ne rencontre à peu près jamais les difficultés de la veille. Si, au contraire, on a pu introduire successivement dans la première séance les trois cathéters, alors on retire avec le n° 3 la bougie conductrice. Puis, profitant de la dilatation acquise, on introduit de suite dans le canal une sonde de gomme des n°s 16 à 18. Elle est laissée à demeure pendant quarante-huit heures. Le canal se trouve, alors en général, assez dilaté pour pouvoir être traversé de suite, facilement et dans une seule

séance, avec des n°° 15 à 22 de la filière Charrière. On va
même parfois jusqu'aux n° 24, 25 ; mais il n'est pas nécessaire d'aller jusqu'aux n°° 24 et 25. Il nous semble, en effet,
qu'on peut considérer comme suffisamment dilaté un rétrécissement qu'on a porté jusqu'à 7 millimètres (n° 21 Charrière), car, dans ces conditions, l'émission de l'urine est
largement assurée et point n'est requis pour qu'il y ait
guéri ou que le canal ait repris — ce qui n'arrive à peu près
jamais et par aucun procédé, — son élasticité et son calibre
normaux. Nous croyons donc que sur ce point Thompson
va trop loin quand il écrit : « La raison que j'ai de porter
avec mon instrument la distension au delà du volume du
méat tient au fait trop souvent oublié que la grande majorité des rétrécissements occupe la portion bulbeuse du
canal qui possède naturellement le calibre des n°° 16 et 18
de la filière anglaise (n°° 26 et 30 Charrière) et que la dilatation ordinaire portée jusqu'aux numéros 10 et 12 anglais
(21 et 23 Charrière) agit sur les rétrécissements avec peu
d'efficacité. »

Dès qu'il a passé successivement les bougies jusqu'aux
n°° 21 ou 22, M. Le Fort enseigne au malade à se sonder
lui même avec une bougie du calibre 18 ; puis il le laisse
partir en lui recommandant de se sonder avec ce n° 18
tous les jours pendant le premier mois, tous les deux jours
pendant le second mois, puis ensuite toutes les semaines
pendant deux ans. Cette précaution du cathétérisme consécutif est indispensable pour assurer la guérison et empê-
cher les récidives. Elle l'est avec la dilatation immédiate
progressive comme avec toutes les autres méthodes de
traitement des rétrécissements.

Tel sont l'instrumentation et le manuel opératoire de la
dilatation immédiate progressive. Quelques lignes placées
ici à titre d'appendice suffiront à faire connaître un autre

procédé, dit de dilation rapide, que nous avons vu également employer avec succès par M. Le Fort toutes les fois que les rétrécissements sont assez peu serrés pour permettre l'introduction d'une bougie de 3 millimètres (nᵒ 9 Charrière).

Dans ces cas, M. Le Fort place également à demeure dans le canal pendant vingt-quatre heures environ une bougie proportionnée au diamètre du rétrécissement.

« Alors, dit-il, sous l'influence du ramollissement et de la malléabilité qu'amène dans les tissus indurés la légère inflammation déterminée par la présence du corps étranger, on peut remplacer une bougie du nᵒ 9, par exemple, en place depuis la veille, par des bougies de plus en plus grosses, et aller, dans une même séance, jusqu'aux nᵒˢ 20 ou 25, en passant par tous les numéros intermédiaires.

Je place donc dans le rétrécissement une bougie du nᵒ 9, et je l'y laisse pendant vingt-quatre heures. Le lendemain je prépare d'avance une série complète de bougies, depuis le nᵒ 10 jusqu'au nᵒ 25. L'aide, tenant la bougie placée dans le canal, la retient en place pendant que j'introduis dans le canal et aussi loin que possible en avant du rétrécissement une bougie du numéro supérieur. Lorsqu'elle a pénétré suffisamment l'aide retire brusquement la première bougie, et je pousse rapidement l'autre, qui s'engage sans peine dans le rétrécissement. Je répète séance tenante la même manœuvre avec des bougies de plus en plus fortes, et souvent dans la même séance j'arrive jusqu'aux nᵒˢ 21, 23, et même 25; mais il se passe souvent un phénomène qui donne l'explication du succès de ce procédé. Si, par une fausse manœuvre, la bougie ne s'engage pas immédiatement dans le rétrécissement, non-seulement on échouera dans de nouvelles tentatives pour l'introduire, mais même on ne pourra faire pénétrer une des bougies d'un numéro très-inférieur qui tout à l'heure avait facilement pénétré. Cela tient à ce que le canal s'est contracté spasmodiquement sous l'influence des titillations causées par la bougie dans les tentatives infructueuses pour la faire pénétrer, tandis que pendant le passage des autres bougies il s'était, en quelque sorte, laissé surprendre dans une sorte d'engourdissement passager. »

C'est également de cette façon que M. Le Fort passe dans les rétrécissements traités par les cathéters métalliques les bougies qui doivent compléter et achever la dilatation du canal. Par cet artifice ingénieux dans le manuel opératoire, on évite d'être brusquement arrêté par une contraction spasmodique de l'orifice du rétrécissement au moment où on va y engager une bougie d'un numéro supérieur.

II

OBSERVATIONS

OBSERVATION I.

Rétrécissement (de ceux dits infranchissables) de l'urèthre.

L..., 50 ans, serrurier, entré le 9 novembre 1876, service de M. Le-
Fort, à Beaujon, 2° pavillon.

Blennorrhagie à 22 ans (le malade est peu communicatif sur ce cha_
pitre et l'aveu de cette chaude-pisse ne lui est arraché que pénible
blement).

Depuis deux ans, miction de plus en plus difficile. Actuellement le
jet est en vrille. Il tombe sur les bottes depuis quelques mois. Les
besoins d'uriner sont fréquents. Quelques gouttes à peines sont émises
chaque fois. L'urine sort parfois d'elle-même, probablement par re-
gorgement, car la matité vésicale est considérable et remonte jusqu'à six forts travers de doigt au-dessus du pubis. Cet état dure depuis deux ans et demi sans que le malade ait eu cependant aucun
frisson. Teint extrêmement pâle.

Le 9. Après d'assez nombreuses tentatives, on réussit à franchir
l'obstacle siégeant dans le canal avec une bougie du plus petit numéro
de la filière charrière (n° 1 — 1/3 de millimètre); encore faut-il pour
cela la contourner en vrille. Le rétrécissement paraît siéger à 13 ou
14 centim. du méat, à l'union des portions spongieuse et membraneuse. On a la sensation de deux obstacles successifs, voisins l'un de
l'autre. On laisse la bougie quarante-huit heures en place dans le
canal.

Le 11. On retire la bougie n° 1. M. Le Fort lui substitue sans trop
de difficultés une de ses bougies conductrices du n° 4, au talon de
laquelle il visse immédiatement son cathéter métallique n° 1. Il franchit avec lui les rétrécissements et après l'avoir fait aller et venir
deux ou trois fois, il lui substitue le cathéter n° 2, puis après celui-ci
le n° 3. Les n° 1 et 2 ont passé facilement; le cathéter n° 3 a passé lui-

même sans difficultés sérieuses. En le retirant, il ramène quelques gouttes de sang. La bougie conductrice, ramenée par le cathéter, est remplacée par une sonde à demeure du n° 18 que l'on pousse jusque dans la vessie. Il s'en suit une miction très-abondante (2 litres d'urine environ). L'urine est légèrement ammoniacale.

Pendant le passage des cathéters, le malade n'a fait entendre aucune plainte. La douleur semble avoir été très-modérée.

Vers le soir, très-léger mouvement fébrile. T. A., 37,5.

Le 12. Matin, 37,2 ; soir, 37,4.

Le 14. On retire la sonde à demeure n° 18 et on passe, par le procédé de dilatation rapide, les bougies n° 22, 24, 27, 29.

Le 15. Le malade sait se passer les bougies. Il urine facilement e librement. On le munit d'une bougie n° 18 avec recommandation de s'en servir tous les jours pendant un mois, puis tous les deux jours pendant deux mois, etc. Il quitte l'hôpital le 16.

OBSERVATION II.

Rétrécissement de l'urèthre. Dilatation rapide.

X..., 35 ans, service de M. Le Fort, 2e pavillon, Beaujon. Entré le 20 novembre 1876.

Plusieurs blennorrhagies antérieures. A déjà été soigné dans plusieurs hôpitaux pour son rétrécissement et par la dilatation ordinaire. Se plaint d'uriner de plus en plus difficilement depuis quelque temps.

Le 21. Après quelques tâtonnements on peut passer à travers le rétrécissement une bougie n° 4 Charrière. On la laisse à demeure vingt-quatre heures.

Le 22. On retire la bougie n° 4 et on introduit successivement les n° 5, 6 et 7. Ce dernier ayant eu une certaine peine à passer, on ne va pas plus loin. On laisse à demeure le n° 7. Le malade le retire le soir pour uriner, malgré les recommandations qu'on lui avait faites de le laisser en place.

Le 23. On passe les bougies n° 7, 8 et 9. Puis impossibilité d'introduire le n° 10, ni même les n° 7 et 6. Le 5 consent seul à passer. On le laisse à demeure.

Le 24. On passe, toujours par le procédé de la dilatation rapide, les bougies n° 5, 6, 7, 8 et 9. On s'arrête au n° 9 qui est laissé à demeure.

Le 25. Partant du n° 9, on passe successivement toute la filière Charrière jusqu'au n° 24. Une sonde n° 18 est laissée à demeure.

Le 26. On passe les bougies n° 24, 26 et 29. Une sonde 18 est encore laissée à demeure.

Le 27. Le malade, qui urine facilement, quitte l'hôpital, muni d'une sonde n° 18, avec recommandation de s'en servir. Il n'a eu, pendant le traitement, ni accès de fièvre, ni la moindre hémorrhagie.

OBSERVATION III.

Rétrécissement de l'urèthre. Dilatation immédiate progressive.

T..., Frédéric, 26 ans, forgeron, entré le 29 novembre, 2° pavillon, n° 39 bis, Beaujon, service de M. Le Fort.

Chaude-pisse il y a quatre ans. Traitée par l'opiat, sans injections, ayant duré trois mois.

Le malade se plaint de pisser difficilement depuis deux mois et s'en tourmente beaucoup. Son inquiétude le pousse à entrer à l'hôpital. Le jet n'est point en ville. Il est projeté à une distance encore convenable.

Le 29. Jour de l'entrée, on peut passer à travers le rétrécissement une bougie du n° 10. Les n° 11 et 12 passent aussi, mais difficilement. Le 12 surtout est serré dans le canal. On oublie de mettre une sonde à demeure.

Le 30. Le n° 6 passe, mais assez difficilement. On le laisse à demeure.

1er décembre. On retire la bougie pour lui substituer une bougie conductrice du même numéro sur laquelle M. Le Fort visse successivement ses trois cathéters. Ils franchissent tous les trois le rétrécissement.

Avec le dernier on ramène la bougie conductrice que l'on remplace par une sonde de gomme n° 18 laissée à demeure.

Pas la moindre hémorrhagie pendant le passage des cathéters. Pas de douleur vive.

Le 2. On retire la sonde à demeure et on passe successivement, par le procédé de dilatation rapide, des bougies n° 22, 23, 24, 25 et 26.

Le malade sort le jour même, muni d'une bougie n° 18 dont il sait se servir.

OBSERVATION IV.

Rupture de l'urèthre. Rétrécissement consécutif.

B... (Antoine), âgé de 31 ans, gazier, entré le 25 avril 1876, 2° pavillon, Beaujon, service de M. Le Fort. Jamais de blennorrhagies.

Le 24 avril. Veille de l'entrée à l'hôpital, il travaillait sur un échafaudage, une planche manqua sous ses pieds et il tomba de la hauteur d'un mètre environ à cheval sur la planche placée de champ.

Il ressentit une douleur très-vive, tomba à terre et resta quatre à cinq minutes étendu avant de pouvoir se relever. Il n'y a cependant pas eu perte complète de connaissance.

En se relevant le malade ressentit comme un violent besoin d'uriner ; il rendit par l'urèthre environ un verre de sang, sans efforts de miction. Après avoir rendu ce sang, il éprouve un certain soulagement. L'écoulement sanguin continua goutte à goutte jusqu'à deux heures du matin environ. (L'accident était arrivé à cinq heures et demie du soir). Sur les deux ou trois heures du matin le malade eut besoin d'uriner, mais pendant une demi-heure il fit des efforts inutiles pour y parvenir. Enfin il rendit ainsi un caillot de sang, puis de l'urine très-rouge mêlée de sang, mais ce n'était plus du sang pur. Il rendit ainsi un demi-litre d'urine environ. La douleur fut très-vive, surtout au début de la miction ; cette douleur était ressentie au-dessus des parties, au périnée. Après cette miction l'hémorrhagie s'arrêta.

Le 25. Il entre à l'hôpital.

Deuxième miction à dix heures et demie du matin, peu douloureuse, environ un verre d'urine mêlée à du sang.

Le soir à cinq heures, le malade est dans l'état suivant:

Pas de frisson ; état général bon ; l'appétit est conservé.

État local. — Ecchymose au niveau de la face postérieure du scrotum, de la largeur de la paume de la main, s'étendant sur le périnée. Pas d'infiltration d'urine. Pas de tuméfaction notable au périnée. Légère induration au niveau du bulbe. Petit caillot sanguin au méat. Pas de rétention d'urine.

Introduction d'une bougie no 8. La bougie est arrêtée au niveau du bulbe. Au moment où on la retire, hémorrhagie légère ; au moment également où la bougie arrive au niveau du bulbe, le malade a une vive douleur.

L'hémorrhagie déterminée par le cathétérisme s'arrête rapidement.

Le 26. Il a passé une bonne nuit. Pas de fièvre, un demi-litre d'urine sanguinolente rendue dans la nuit. On peut introduire une fine sonde n° 9 qui est laissée à demeure.

Le 27. Le malade a uriné avec la sonde. Plus d'écoulement sanguin. Pas de fièvre.

Le 28. Léger écoulement muco-purulent par le méat.

Le 29. Le malade a de la fièvre. Céphalalgie. Pas de frissons. Vomissements dans la nuit.

Le 30. Le malade a toujours de la fièvre. Céphalalgie. Langue sèche couverte d'un léger enduit jaunâtre adhérent. La verge est légèrement tuméfiée. Hier, pendant des efforts de vomissements, une certaine quantité de sang s'est écoulée par le méat. Induration sur le trajet de l'urèthre au niveau de la naissance des bourses, du volume d'une amande environ : on laisse la sonde n° 9 à demeure. T. A. Soir : 41°. Sulfate de quinine, 0,60 centigrammes.

5 mai, Légère amélioration.

Le 10. Le malade va tout à fait bien. On lui passe des sondes filiformes bien qu'avec un peu de difficulté, puis des sondes plus grosses qu'il ne peut endurer. Son jet d'urine n'est point faible. Il ne souffre pas en urinant.

Il veut quitter l'hôpital. On a bien de la peine à l'y retenir.

Le 15. Il rejette par le canal de l'urèthre, un flot de pus bien lié, un peu blanchâtre et éprouve un soulagement subit.

Le pus continue à couler pendant deux jours, puis la sécrétion se tarit.

Le malade reste en repos pendant six à sept jours et ce n'est que le 24 mai qu'on lui passe de nouveau une petite bougie n° 6. Il la garde une journée.

Le 25. M. Le Fort lui passe une de ses bougies spéciales. A cette époque la miction se faisait sans douleurs mais le jet était tortillé et petit.

Le lendemain 26, M. Le Fort visse ses cathéters dilatateurs sur la bougie et franchit successivement le rétrécissement avec les trois numéros. Pas d'hémorrhagie.

Les 27 et 28. On passe des bougies jusqu'au n° 23, par le procédé de dilatation rapide.

Le malade sort le 29 mai muni d'une sonde n° 18 et urinant largement. Il n'a pas eu de fièvre.

Observation V.

M... (Théodore), 43 ans, entré le 16 avril 1872, hôpital Lariboisière, salle Saint-Ferdinand, n° 19 bis, service de M. Le Fort.

Opéré d'un phimosis en 1859 par Velpeau. Aurait eu un chancre mou en même temps. En 1866, hydrocèle opérée par M. Desormeaux.

En 1867, une blennorrhagie qui a duré quatre mois ; traitement par le cubèbe et le copahu et les injections au vin aromatique pendant trois semaines. A remarqué depuis environ un an que son jet d'urine était moins considérable, irrégulier, divisé en plusieurs filets, et qu'il avait besoin de beaucoup d'efforts pour uriner. Actuellement eczéma des bourses.

16 avril. Un cathétérisme explorateur permet de constater plusieurs rétrécissements. On peut cependant les traverser avec une bougie n° 6 qu'on laisse à demeure.

Le 20. On introduit dans le canal une bougie conductrice sur laquelle M. Le Fort visse et passe successivement les cathéters métalliques n°s 1 et 2. On laisse à demeure une bougie n° 12.

Le soir, le malade accuse une fièvre intense. Pouls à 120. Quelques frissons dans la journée. Vomissements. A perdu du sang en assez grande quantité, environ deux cuillerées à café. Il dit qu'il n'a jamais été sondé de sa vie. Sulfate de quinine, 0,60.

Le 21. La fièvre a disparu, le pouls est normal, mais le malade est abattu.

Le 22. Même état. Il conserve toujours la sonde n° 12. Un peu de pus sort par le méat.

Le 24. On passe le n° 15.

Le 26. On passe successivement les n°s 18, 20, 22, 24, par le procédé de dilatation rapide ; pas d'accidents. Le malade, qui urine bien et sait se sonder, quitte l'hôpital le 1er mai, muni d'une sonde n° 18.

Observation VI.

B... (Jean), 28 ans, entré 21 juillet 1876, salle Saint-Edouard, n° 52 à Beaujon, service de M. Lefort.

Chaudepisse à 18 ans, avec écoulement peu abondant, mais ayant duré longtemps : traitement par des injections d'eau blanche. Il y a quatre ans, le malade commença, sans raisons nouvelles, à éprouver quelques difficultés pour uriner. Il pouvait encore pisser, mais lentement, peu à la fois et en éprouvant quelques cuissons, surtout s'il avait fait quelque excès de boisson. Dans ces derniers mois, jet très-petit, miction se faisant assez souvent goutte à goutte, mais jamais rétention complète d'urine jusqu'à ces derniers jours, où il a vu son jet diminuer encore et sa miction devenir plus pénible. Fréquentes envies de pisser, mais grandes difficultés de les satisfaire. Enfin, le 18 juillet courant, au matin, rétention absolue d'urine jusqu'au 20, à midi. Un médecin réussit à le sonder avec une très-petite sonde et à vider la vessie, mais il ne peut en passer une plus grosse à demeure, et comme la rétention recommençait, le malade vient à l'hôpital.

21. — Tisane adoucissante ; repos au lit et grand bain.

22. — On tente le cathétérisme avec une sonde ordinaire en argent : on ne peut passer. Il en est de même avec une sonde plus petite, en gomme. On se sent arrêté par un rétrécissement au commencement de la portion membraneuse. Comme le malade n'avait pas uriné depuis le 20 au soir, M. Le Fort introduit dans le canal une de ses fines bougies conductrices. Elle traverse le rétrécissement sans difficultés. On adapte immédiatement à son talon le cathéter n° 1, qui passe, puis le n° 2, puis le n° 3, qui passent également. Les deux premiers n'ont amené aucune douleur, mais le malade dit souffrir assez vivement lors du passage du cathéter n° 3, qui amène également quelques gouttes de sang. Ce cathéter est retiré, avec la bougie conductrice, et remplacé par une bougie, calibre moyen, qu'on laisse à demeure. Après cette dilatation, le malade pisse facilement autour de la sonde. En une heure, il a uriné trois fois et sans peine. Il se dit soulagé.

22. — Le malade a uriné facilement autour de la bougie, qui est maintenue en place.

25. — La bougie à demeure, dont le numéro a été un peu augmenté, lui faisant éprouver quelques douleurs qui s'irradiaient de la vessie au scrotum, le malade la retire. Il est immédiatement soulagé.

26. — Même état. Urination très-facile. On n'a plus remis la bougie.

28 — Le malade demande à sortir. Il quitte l'hôpital muni d'une bougie n° 18.

OBSERVATION VII.

S... (Lucien), 29 ans, entré le 29 mars 1872, salle Saint-Ferdinand, n° 33, hôpital Lariboisière, service de M. Le Fort.

Blennorrhagie il y a cinq ans (en 1867), non traitée et ayant duré assez longtemps. Depuis un an, diminution dans la force du jet d'urine ; mais le malade ne s'est préoccupé de sa difficulté croissante d'uriner que depuis deux mois. A cette époque, il a éprouvé des symptômes de cystite. Douleurs intermittentes ayant duré environ huit jours. Comme traitement, grands bains, repos et tisanes rafraîchissantes. Les douleurs avaient disparu, mais elles sont revenues il y a huit jours, après une longue fatigue en chemin de fer. Le malade ne pouvait plus uriner à cause de la douleur.

30. — A son entrée, plus de douleurs. Urine sans souffrir, mais le jet est très-faible et la miction lente. Le cathétérisme fait reconnaître un rétrécissement au niveau de la portion membraneuse. On ne réussit à passer qu'une bougie n° 3. Elle est laissée en place vingt-quatre heures.

31. — M. Le Fort remplace la bougie n° 3 par une de ses bougies conductrices sur laquelle il visse et passe successivement ses trois cathéters métalliques. On laisse à demeure une sonde n° 15.

1er avril. — On passe des bougies nos 16, 17 et 18. On laisse à demeure une sonde n° 18.

3. — Le malade quitte l'hôpital, urinant facilement et muni d'une sonde n° 18. Il n'a eu ni fièvre, ni hémorrhagie.

OBSERVATION VIII.

Rétrécissement de l'urèthre. Orchite sub-aiguë droite. Hypospadias Varicocèle à gauche.

G... (Raoul), 22 ans, salle Saint-Honoré, n° 28, à Lariboisière, service de M. Le Fort. Entré le 26 février 1872.

Il y a un an et demi, blennorrhagie ayant duré six mois. Traitée par des injections à l'eau blanche. A la suite, gonorrhée qui a persisté jusqu'à une époque qui remonte à quatre ou cinq mois. Depuis un an, gêne pour uriner. Jet d'un très-petit diamètre. Efforts pour uriner, mais la miction n'est pas douloureuse. Depuis deux jours, testicule droit douloureux, tuméfié, scrotum rouge.

Le malade entre à l'hôpital pour ce testicule. Le gonflement porte sur cet organe et sur l'épididyme, surtout sur l'épididyme, qu'à la palpation on sent gonflé et douloureux. On constate un varicocèle gauche. Le canal de l'urèthre est exploré au point de vue de la gêne de

la miction. On trouve un hypospadias et un rétrécissement au niveau
de la portion membraneuse. Le rétrécissement admet assez facilement
une bougie n° 7 Charrière. Le n° 10 passe même, mais le malade accuse de la douleur au moment où la bougie arrive au contact du rétrécissement. On la retire après cette exploration. Comme traitement,
repos, cataplasmes, extrait de belladone.

2 mars. — On passe des bougies n°⁸ 9 et 10. Le 9 est laissé à demeure.

3. — La bougie 9 est retirée et remplacée par une des bougies conductrices, sur laquelle M. Le Fort visse et passe les cathéters métalliques n°⁸ 1 et 2. Une sonde 15 est fixée à demeure.

4. — On passe des bougies 16, 17, 18. Le n° 19 ne peut passer.
Sonde 17 à demeure pendant quarante-huit heures.

11. — Le malade sort urinant facilement, et muni d'une sonde
n° 18. N'a eu ni fièvre, ni perte de sang.

OBSERVATION IX.

B... (Edmond), 39 ans, entré, le 13 juin 1876, dans le service de
M. Le Fort, à Beaujon.

Dit n'avoir jamais eu de chaudepisse ni de plaie du canal de l'uréthre. Réquisitionné par les Prussiens en 1870, a été exposé pendant
plusieurs jours et plusieurs nuits à des froids excessifs. A la suite de
ces froids, paralysé de la jambe droite pendant plusieurs semaines et
incontinence d'urine, puis impossibilité d'uriner pendant trois jours.
Il y a trois ans, premiers symptômes de rétrécissement. Disparus après
un mois de traitement. Revenus, sans cause appréciable, il y a huit
jours. Envies fréquentes d'uriner. Urine souvent, mais peu à la fois,
et sur ses bottes. Le jet n'a donc aucune force de projection.

14 juin. — On constate un peu de cystite. Urine chargée, se décom-
posant facilement et ayant une forte odeur ammoniacale. Au cathétérisme, avec une sonde d'argent ordinaire, on est arrêté complètement
un peu en avant de la portion membraneuse de l'urètbre, par un rétrécissement. On peut seulement franchir cet obstacle avec une fine
bougie filiforme qu'on fixe à demeure.

15. — On remplace la bougie filiforme par une bougie conductrice d'un calibre un peu plus fort, qu'on laisse à demeure pendant quarante-huit heures.

17. — On passe sur la bougie conductrice les cathéters métalliques
n°⁸ 1 et 2, qui passent facilement. Le n° 3 est plus long à pénétrer. On

sent qu'il est fortement serré au niveau du rétrécissement. Il passe néanmoins. On le retire ensuite lestement, ainsi que la bougie conductrice, et on introduit immédiatement, et sans difficulté, une sonde de gomme n° 15, à travers laquelle il s'échappe une quantité considérable d'urine. On laisse cette sonde à demeure.

20. — On retire la sonde, qui a été très-bien tolérée. Le malade urine facilement et seul.

21. — Depuis qu'il a eu si froid en 1870, le malade a de temps en temps des paralysies intermittentes de la vessie, de durée variable. Il est pris d'un de ces accès. En effet, il urine continuellement et involontairement, goutte à goutte, mouillant son linge. Cet état persiste, tout en s'améliorant un peu, jusqu'au 3 juillet.

Du 3 au 5, amélioration très-rapide.

Le 5, l'incontinence a disparu. Le malade sort, urinant facilement. On lui donne une sonde n° 18, avec recommandation de s'en servir de temps en temps.

OBSERVATION X.

R...., 34 ans. Deuxième pavillon, n° 34, hôpital Beaujon, service de M. Le Fort. Entré le 6 mai 1876.

Blennorrhagie, il y a six ans. Ayant duré un an ; il est survenu alors un rétrécissement de l'urèthre gênant la miction à un point tel, que l'urine, ne sortant plus par jet, tombait goutte à goutte sur les souliers du malade. Ce dernier fut traité à Oran par la dilatation ordinaire, et quitta l'hôpital à peu près complètement guéri. Ayant, depuis, négligé de se sonder de temps à autre, son rétrécissement est arrivé à peu près au point où il était lors de l'entrée à l'hôpital d'Oran.

7 mai. — On passe dans le rétrécissement une bougie n° 3, qu'on laisse à demeure quarante-huit heures.

9. — On remplace cette bougie par une bougie conductrice, sur laquelle M. Le Fort visse et passe ses trois cathéters métalliques. Après avoir retiré le dernier, on laisse une sonde à demeure n° 15.

10. — On passe successivement des bougies n°s 15, 16, 17, 18, 19, 21 et 23. Sonde 18 à demeure.

Le soir, à six heures, le malade a un frisson. Chaleur modérée de la peau. Ces accidents disparaissent d'eux-mêmes à dix heures du soir.

15. — Le malade sort, urinant facilement et muni d'une sonde 18, avec laquelle il sait se sonder.

III.

Après avoir décrit d'une façon détaillée le procédé de
dilatation de M. le professeur Le Fort, et donné un certain nombre d'observations, nous devons et pouvons maintenant apprécier sa valeur. Nous essaierons de le faire avec
impartialité, et en nous prémunissant de notre mieux
contre ces exagérations dans lesquelles on tombe souvent
quand on parle de choses nouvelles. Après avoir dit assez
brièvement, et en nous appuyant, soit sur nos observations
soit sur les renseignements oraux que nous tenons de
l'obligeance de M. Le Fort, et qui reposent sur des observations bien plus nombreuses encore, ce que nous pensons
de son procédé, nous en ferons mieux ressortir les avantages en le mettant en parallèle 1° avec les autres méthodes de dilatation ; 2° avec la divulsion ; 3° avec l'uréthrotomie interne.

Tout d'abord, parlons des conditions favorables ou défa-
vorables à son application.

La condition *sine qua non* de son application est la per-
méabilité du rétrécissement à une bougie conductrice, si
fine soit-elle. S'il est infranchissable il est absolument en
dehors de notre procédé. Fort heureusement il n'en est pas
souvent ainsi. Sans nier complètement l'existence des rétrécissements infranchissables, il n'en est pas moins vrai
qu'ils sont d'une rareté extrême. Encore n'entendons-nous
pas ici par rétrécissements infranchissables ceux qui s'op-
posent complètement à l'émission de l'urine, car cela ne
s'observe à peu près jamais, mais simplement les rétrécissements imperméables à un instrument quelconque, sonde

ou bougie. Avec du temps, de la patience, de la douceur et quelques artifices dans le manuel opératoire on arrive à peu près toujours à pénétrer dans les rétrécissements même les plus serrés. Les cas rares de rétrécissements infranchissables ne sont donc pas du tout justiciables de la dilatation immédiate progressive, mais ils ne le sont pas davantage des autres méthodes de dilatation, de la divulsion, de l'uréthrotomie interne, — car tous ces procédés supposent qu'on a pu passer un instrument quelconque, — et ne relèvent que de l'uréthrotomie externe sans conducteur, opération très-difficile, très-grave même et qu'on doit évidemment limiter aux cas dans lesquels il y a indication d'agir vite.

Les rétrécissements infranchissables ainsi éliminés restent les rétrécissements franchissables. Tous sont, à la rigueur, susceptibles d'être traités par la dilatation immédiate progressive, mais ils le sont à des degrés divers. D'une manière générale, nous pouvons dire que les rétrécissements favorables au traitement par la dilatation ordinaire sont également ceux qui seront traités avec le plus de chances de succès par la dilatation immédiate progressive ; mais l'étude comparative que nous aurons à faire plus tard montrera que, dans nombre de circonstances où la dilatation lente progressive est contre indiquée, de l'aveu même de ceux qui en sont le plus partisans, le procédé de dilatation immédiate progressive du savant chirurgien de Beaujon est parfaitement applicable et peut rendre de grands services.

Quant aux rétrécissements non-seulement extrêmement étroits, et mais encore surtout à parois très-indurées, tels que ceux qui succèdent généralement à des traumatismes de l'urèthre, nous inclinerions à penser qu'ils relèvent plutôt de l'uréthrotomie interne. Peut-être sommes-nous sur ce point quelque peu en divergence avec M. le professeur Le Fort qui pense que son procédé peut parfaitement réussir, quelles que soient l'étroitesse et la dureté du rétrécissement, toutes les fois qu'on a pu le traverser avec la fine bougie conductrice dont nous avons dit le rôle et l'action.

Les avantages principaux du procédé de dilatation immédiate progressive résultent de la simplicité de l'appareil instrumental, de la facilité du manuel opératoire, de l'absence de complications, enfin et surtout de la rapidité avec laquelle on arrive au résultat cherché : la dilatation du canal et le libre cours rendu aux urines.

La simplicité de l'appareil instrumental est on ne peut plus grande puisqu'il se réduit à quelques bougies conductrices et à 3 cathéters de maillechort (1).

En ce qui concerne la facilité du manuel opératoire, elle résulte de ce double fait : 1° que la bougie conductrice prépare et assure la voie aux cathéters métalliques; 2° que les instruments et la manière de s'en servir reposent sur les principes généraux du cathétérisme ordinaire, opération courante et que tout praticien doit pouvoir faire. Cela ne nous empêche point de reconnaître que le cathétérisme de l'urèthre présente exceptionnellement de grandes difficultés; mais ce n'est point la règle, et cela suffit pour la justification de ce que nous venons de dire de la facilité relative du manuel opératoire dans notre procédé.

La douleur, au moment de l'opération, est peu intense. Nous n'avons, pour notre part, jamais vu les malades se

---

(1) Bien que la question du prix d'achat soit en somme accessoire, il ne nous paraît pas déplacé de dire que le prix de l'appareil complet, construit chez M. Collin, est de 12 francs seulement. Cet avantage de la modicité du prix est assez rarement réalisé dans les nouvelles inventions chirurgicales pour que nous nous croyions permis de le signaler ici.

Janicot.   3

plaindre vivement, et, depuis sept ans que M. Le Fort em-
p'oie sa méthode il ne s'est jamais trouvé dans la nécessité
d'anesthésier préalablement ses malades. Après le passage
des cathéters, c'est-à-dire après l'opération proprement
dite, la douleur est vraiment insignifiante ou nulle. La
sonde à demeure maintenue pendant vingt-quatre ou quarante-huit heures, ou même un peu plus dans le canal, est
parfaitement bien tolérée. Il en est de même du passage
consécutif et rapide des bougies. Cette absence à peu près
complète et presque constante de douleurs au moment du
passage des bougies prouve, à notre avis, que dans ce procédé de dilatation on ne produit à peu près jamais de
déchirure du canal, do plaie de la muqueuse uréthrale.

L'hémorrhagie, même en appliquant ce mot à l'écoulement d'une quantité insignifiante de sang, l'hémorrhagie,
dis-je, est exceptionnelle, et quand elle existe elle se réduit en général à quelques gouttes de sang. M. Le Fort ne
l'a jamais vue, depuis sept ans, prendre des proportions,
je ne dirai pas inquiétantes, mais seulement bien sen-
sibles ; c'est tout au plus si dans des cas très-rares, elle a
atteint une ou deux cuillerées à café.

En ce qui touche les complications fébriles, il est évident
que puisque l'on voit parfois, chez des malades prédispo-
sés le plus simple cathétérisme de l'urèthre déterminer
une fièvre très-intense qui peut, à la rigueur, être excessivement grave, il serait déraisonnable de supposer qu'il ne
saurait en être ainsi alors qu'on passe dans un canal ré-
tréci plusieurs cathéters métalliques assez volumineux,
sans préjudice des bougies. Notre observation 5 est précisément relative à un cas où la fièvre a été intense, bien que
passagère, mais les accidents fébriles sont, nous le répétons

exceptionnels, rares ; or, comme on l'a dit avec raison
« *rara non sunt artis.* »

La température s'élève tout au plus de 2 à 3 dixièmes de
degré le soir de l'opération et revient généralement à la
normale le lendemain. Dans une pratique déjà ancienne,
M. Le Fort n'a observé que dans quelques cas exceptionnels, un ou deux accès de cette fièvre uréthrale qu'amène
parfois le cathétérisme le plus simple et dont un peu de
sulfate de quinine fait justice. A fortiori n'a-t-il jamais vu
d'accidents mortels ni même seulement très-sérieux.

La rapidité avec laquelle le canal reprend ses dimen-
sions convenables et permet ainsi à la miction de s'exécu-
ter largement et librement, est incontestablement le résultat le plus remarquable du procédé de M. Le Fort. En
effet, des malades entrés à l'hôpital avec une impossibilité
ou une difficulté très-considerable d'uriner, en sortent le
plus souvent, pissant librement et facilement, après
quatre ou cinq jours, cinq, six ou sept au plus.

Quant aux résultats définitifs, c'est-à-dire à la persistance de la dilatation obtenue, nous aurions voulu, pour
les établir solidement, pouvoir retrouver des malades traités par le procédé de M. Le Fort et constater, à un ou deux
ans d'intervalles, l'état de leur canal. Ces recherches nous
ont été impossibles. Ce que nous pouvons dire c'est que
dans l'espace d'une année nous n'avons vu revenir aucun
malade pour une récidive rapide ; mais avec ce procédé
comme avec tous les autres sans exception, on n'obtient
pas la guérison radicale et immédiate du rétrécissement.
Comme l'a dit M. Le Fort lui-même dans sa communication à l'Académie de médecine « cette méthode, la dilatation
immédiate progressive, ne met à l'abri de la récidive que
si le malade continue à faire usage du cathétérisme jus-

qu'à ce que la tendance à la rétractilité des parties rétré-
cies ait complètement cessé. »

Sur cette question de la guérison définitive des rétrécissements, on peut toujours s'en tenir à cette phrase énergique de Malgaigne : « de quelque méthode qu'on ait fait
usage, il faut bien répéter que les charlatans seuls peuvent
promettre une guérison sans récidive. On en a quelquefois
obtenu, mais par hasard, et à la suite de tous les procédés;
la dilatation simple en compte autant que les autres. Mais,
d'une manière générale, la récidive est la règle; seulement
on la prévient d'une façon certaine en passant de temps à
autre une sonde de gros calibre dans le canal. » (Malgaigne,
médecine opératoire, 8ᵉ édition, p. 564).

Nous n'insisterons pas davantage ici, parce que ce serait
nous exposer à des redites, sur les avantages de la dilatation immédiate progressive. Ils ressortiront, en effet, plus
clairement et comme d'eux-mêmes, du parallèle que nous
allons établir entre elle et la dilatation ordinaire, la divulsion et l'uréthrotomie interne.

A. DILATATION.

Cette grande méthode de traitement des rétrécissements
qui est la plus ancienne, est encore très-fréquemment employée aujourd'hui. Elle consiste dans l'introduction de
sondes ou de bougies dont on augmente le volume lentement et graduellement. Ce procédé, qui est d'une exécution
facile, peu dangereuse et très-bien accepté par les malades,
a malheureusement aussi de nombreux inconvénients. Un
des premiers, et c'est le plus grave, résulte de la lenteur
excessive du traitement. Il est d'autant plus grand, comme
l'a fait remarquer M. Voillemier, que la dilatation n'est effi-
cace et sans danger qu'autant qu'elle est conduite lente-

ment et avec une extrême prudence. Même dans les cas les plus simples, la durée du traitement n'est pas de moins d'un mois. C'est là le chiffre accepté comme terme moyen, par les auteurs les plus autorisés, tels que MM. Voillemier et Guyon. Or, cette longue durée du traitement est fâcheuse à un double point de vue :

1° Elle est préjudiciable à l'intérêt particulier des malades qui jouissant, pour la plupart, d'une bonne santé générale, supportent difficilement, soit chez eux, soit à l'hôpital, une interruption aussi longue dans leurs occupations.

2° Elle est la cause principale des nombreux inconvénients qui peuvent se manifester par la répétition quotidienne du cathétérisme. La fièvre uréthrale marche à leur tête, aussi bien pour la fréquence que pour la gravité. On sait que par suite d'idiosyncrasies spéciales, il est des gens chez lesquels un simple cathétérisme de l'uréthre développe un accès de fièvre uréthrale souvent assez intense. On conçoit, dès lors, que la répétition quotidienne du cathétérisme dans la dilatation lente produise fréquemment ces accidents fébriles qui, à leur tour, nécessitent une interruption plus ou moins prolongée du traitement. Il est évident qu'on a beaucoup moins à redouter ces accidents par le procédé de M. Le Fort, puisqu'il amène la guérison du rétrécissement en trois ou quatre séances très-courtes de cathétérisme.

Comme le fait remarquer M. Voillemier, il arrive quelquefois, dans le cours du traitement par la dilatation lente, qu'après avoir amené un rétrécissement à un certain degré de dilatation, on est tout à coup placé dans l'impossibilité de continuer le passage des bougies, à moins d'amener des douleurs, s'irradiant vers les bourses, le périnée et l'aine, du spasme du canal, des troubles nerveux et des accidents inflammatoires du côté du testicule ou de la vessie. Ces complications forcent quelquefois le chirurgien à cesser la dilatation et le placent dès lors dans l'alternative de perdre, par une interruption de quelques jours dans la dilatation, le terrain conquis, ou bien d'en venir à une autre méthode plus radicale et plus prompte. Ces accidents nerveux ou inflammatoires seraient dus le plus souvent, d'après M. Voillemier, à ce que la dilatation par les bougies aurait été poussée trop rapidement. Nous les expliquerions plus volontiers par une irritation des tissus du rétrécissement provoquée par le passage fréquent des bougies. Ce qui le prouve, c'est qu'on ne les observe à peu près jamais dans le procédé de M. Le Fort, où la dilatation est pourtant obtenue très-rapidement, mais où elle se pratique sur des tissus qui n'ont pas eu le temps de s'enflammer.

Outre ces inconvénients et ces dangers qui lui sont inhérents, la méthode de la dilatation lente et graduée est contre-indiquée dans bon nombre de cas où le procédé de M. Le Fort nous semble cependant applicable. Ainsi, dans sa remarquable thèse sur la dilatation, qui reflète les opinions et la pratique du savant chirurgien de l'hôpital Necker, M. Guyon, M. Curtis écrit que le calibre moyen des cas traités par la dilatation temporaire est de 3 millimètres et qu'au-dessous la dilatation est presque impossible. Il n'en est pas ainsi dans le procédé de dilatation immédiate progressive. Comme le prouvent quelques-unes de nos observations, il donne les résultats qui lui sont propres et que nous avons indiqués dans des cas de rétrécissements très-étroits. Il suffit qu'on ait pu franchir l'obstacle avec une bougie conductrice quelconque, fût-elle du plus petit calibre.

La dilatation ordinaire est encore inapplicable, d'après

M. Curtis, dans les cas d'incontinence d'urine par dilatation passive du canal de l'urèthre en arrière du rétrécissement, comme aussi dans les cas de rétention partielle d'urine, avec cystite chronique. Il faut, en effet, dans ces circonstances agir rapidement 1° pour obvier aux accidents de résorbption urineuse ; 2° parce que le passage prolongé des bougies aggraverait les complications déjà existantes. On a recours alors à l'uréthrotomie interne. Or, nous pensons qu'elle peut être avantageusement remplacée, dans la grande majorité des cas, par notre procédé de dilatation immédiate.

Nous devons ajouter, en outre, que les résultats de la dilatation simple sont rarement suffisants. L'augmentation de calibre obtenue par les bougies atteint rarement les n°ˢ 19, 20 ou 21 Charrière, auxquels on arrive si rapidement avec notre procédé, et que nous considérons comme nécessaires pour éloigner le plus possible les récidives et assurer pendant longtemps un fonctionnement facile à la miction.

C'est précisément dans le but de compléter les résultats obtenus par la dilatation simple avec des bougies qu'on emploie fréquemment aujourd'hui la méthode dite de Béniqué. Elle consiste, comme on le sait, à passer dans l'urèthre, sans les y laisser, des cathéters cylindriques courbes d'étain ou de maillechort gradués par 1/6 de millimètre. Le premier numéro de la série a 4 millimètres de diamètre, et le dernier, le plus volumineux, 10 millimètres, soit un n° 30 Charrière. La graduation des cathéters étant presque insensible, cela permet d'en passer successivement plusieurs, 4 ou 5, dans une même séance, et de faire ainsi une dilatation progressive et lente du rétrécissement.

Le passage des cathéters de Béniqué dans des cas difficiles, tels que ceux de rétrécissements très-indurés et à trajet irrégulier, a été récemment facilité par M. Guyon. Mais la modification imaginée par ce chirurgien nous paraît reproduire assez exactement, sans en avoir tous les avantages, ce qui existe dans l'instrument de M. Le Fort.

M. Guyon, en effet, a fait creuser le bec des Béniqué d'un pas de vis auquel s'adapte l'armature d'une bougie conductrice, analogue à celle de l'uréthrotome Maisonneuve. Il est clair que cette bougie conductrice, préalablement introduite à travers le rétrécissement, trace sûrement la voie aux cathéters. Mais la sonde Béniqué, n'étant point cônique, présente au niveau de son articulation avec la bougie conductrice, un ressaut qui enlève à l'adjonction du conducteur la plus grande partie de ses avantages.

Au total, la méthode de Béniqué est passible, bien que dans une moindre mesure, des reproches de lenteur dans le traitement qu'on peut faire à la dilatation simple par les bougies. De plus, son cathéter n° 1 étant du diamètre de 4 millimètres (n° 12 Charrière), la méthode n'est donc applicable qu'aux rétrécissements qui ont, au minimum, ce calibre. C'est là un de ses plus graves inconvénients. Aussi ne l'emploie-t-on généralement aujourd'hui que pour compléter les résultats acquis préalablement par d'autres procédés.

B. Dilatation forcée ou divulsion.

Dans le but d'obvier à la lenteur du traitement des rétrécissements par la dilatation ordinaire, les chirurgiens, depuis le commencement de ce siècle, ont imaginé divers procédés de dilatation brusque, à l'aide d'instruments, de formes plus ou moins variables, mais offrant, pour la plupart, ce caractère commun de pouvoir s'élargir de dedans en dehors, à l'aide de mécanismes divers. A cette idée, se rattachent, pour ne parler que des plus connus, les dilatateurs ou divulseurs inventés par Amussat, Perrève, Civiale, Voillemier, Holt, Corrady, Thompson, etc. L'instrument de Perrève a été le point de départ des principaux divulseurs qu'on a construits depuis. Il nous suffira de le décrire sommairement pour avoir une idée convenable des autres divulseurs et de la méthode de la divulsion en général.

L'instrument de Perrève se composait :

1° D'un cathéter d'acier, formé de deux valves flexibles.

2° D'une tige conductrice fixée par une de ses extrémités au bec de l'instrument et libre entre les deux valves dans tout le reste de son étendue.

3° De mandrins creux, coniques, de diverses grosseurs, qu'on engage sur la tige conductrice du cathéter, de manière à produire l'écartement de ses valves et, par suite, la dilatation de l'urèthre.

« En prouvant, dit M. Voillemier, par des observations nombreuses, qu'on avait exagéré les dangers d'une violence exercée passagèrement dans l'urèthre, Perrève a fait faire un véritable progrès au traitement des rétrécissements. Son erreur a consisté à croire qu'il dilatait les rétrécissements alors qu'il les déchirait. »

C'est, sans doute, à ces déchirures du canal qu'on doit les accidents sérieux, parfois même mortels, qu'on a observés avec le procédé de Perrève et qui, en France, l'ont discrédité. Le divulseur cylindrique de M. Voillemier expose beaucoup moins le malade à ces accidents, « mais la divulsion elle-même, dit M. Le Fort, ne me paraît pas sans dangers, puisqu'elle agit en amenant la déchirure, la rupture du rétrécissement, et que M. Voillemier ne l'applique que dans certains cas exceptionnels. »

A l'encontre des opinions généralement reçues en France,

nous ne pouvons passer sous silence les idées et la pratique actuelles des deux chirurgiens les plus autorisés en Angleterre sur la question des rétrécissements uréthraux, MM. Holt et Thompson. Nous trouvons, en effet, dans l'ouvrage de ce dernier auteur la description et l'appréciation du procédé de Holt qui mérite de nous arrêter quelques instants.

Le chirurgien de Westminster Hospital emploie tout simplement le dilatateur de Perrève que nous avons décrit plus haut; mais au lieu de passer dans la tige conductrice du cathéter bivalve toute la série des mandrins dilatateurs, en commençant par les plus petits numéros, Holt prend d'emblée le mandrin le plus volumineux, n° 10 anglais, 21 Charrière, et l'engage de force dans l'urèthre, rompant ainsi brusquement et dans une seule manœuvre tout ce qui s'oppose à l'écartement des valves. Il porte donc d'un seul coup le rétrécissement au n° 12 de la filière anglaise, soit à 7 millimètres 2 3, diamètre total du mandrin et du dilatateur. Nous aurons décrit dans ce qu'il a d'essentiel le procédé de Holt quand nous aurons ajouté qu'après la manœuvre sus-indiquée, ce chirurgien ne place pas de sonde à demeure dans l'urèthre. Il a, de plus, à ce que nous lisons dans la thèse de M. Curtis, abandonné complètement la dilatation lente, sauf pour le traitement consécutif et accessoire après l'emploi de son procédé de dilatation rapide.

Étant donnés, l'instrumentation et le manuel opératoire du procédé de Holt, on est porté à croire que les suites et les accidents ultérieurs doivent être fort graves. Et cependant il n'en est rien, à ce qu'affirme un chirurgien d'une autorité incontestable, Thompson. Voici, en effet, ce qu'il écrit à ce sujet : « Cette méthode est maintenant très-fréquemment employée en Angleterre, et plusieurs centaines de cas opérés ainsi permettent de formuler des conclusions sur sa valeur... Les résultats sont plus favorables que je ne l'aurais cru *à priori*... Il y a bien un peu d'hémorrhagie, et qui peut se prolonger pendant vingt-quatre heures, mais elle est peu considérable. Contrairement à ce qu'on pourrait attendre, il n'y a ni frissons, ni fièvres... Il y a un fait digne d'être noté, c'est que la rupture complète d'un rétrécissement semble, dans certains cas, être moins sujette à produire des frissons, et les autres symptômes de la fièvre uréthrale qu'un simple cathétérisme. »

Thompson a introduit, lui-même, dans la pratique chirurgicale un procédé de distension forcée, ou *overdistension*.

L'instrument dont il se sert se compose de deux lames métalliques, susceptibles d'être écartées par un levier commandé lui-même par une manivelle; une aiguille indique sur une plaque graduée le degré d'écartement des lames. Cet écartement, à l'inverse de ce qui se passe dans l'instrument de Holt, comme dans tous les dilatateurs uréthraux, n'a lieu que dans la partie postérieure de l'urèthre, siège ordinaire des rétrécissements. Le mécanisme de l'instrument permet en outre de donner à l'écartement des lames toute l'amplitude et toute la lenteur voulues. « Dans la pratique, dit Thompson, j'opère toujours lentement et de façon à distendre plutôt qu'à rompre le tissu de l'obstruction. »

Il n'entre pas dans nos intentions de discuter et de juger minutieusement ces deux procédés de divulsion de chirurgiens dont le nom, en pareille matière, fait autorité à Londres et même ailleurs. Nous ne ferons pas davantage remarquer que le procédé de Holt n'est pas applicable aux rétrécissements ayant moins de 3 millimètres, attendu que son instrument mesure, fermé, 3 millimètres de diamètre. Nous voulons simplement constater ceci :

c'est que si une méthode aussi radicale que celle de Holt, amenant, de l'aveu même de l'auteur, une rupture complète du rétrécissement, est cependant assez inoffensive pour être devenue la pratique régulière et exclusive d'un des plus grands spécialistes anglais, chirurgien d'hôpital, on ne saurait accuser de violence et de rapidité trop grande dans l'exécution, le procédé, bien autrement doux, de dilatation immédiate progressive que nous avons eu l'honneur d'exposer. Il ne procède nullement, en effet, à la façon des divulseurs qui, outre qu'ils écartent brusquement les parois opposées du rétrécissement, ont l'immense inconvénient de ne point agir sur toute sa circonférence. Dans le procédé de M. Le Fort, au contraire, on agit lentement et graduellement sur tous les points des parois du rétrécissement. Celui-ci, au lieu d'être porté brusquement et d'un seul coup, de 3 millimètres, par exemple, à 7 millimètres, comme dans le procédé de Holt, *passe successivement par tous les diamètres possibles*, depuis 2 millimètres, diamètre du bec des cathéters, jusqu'à 7 millimètres, diamètre le plus large du plus large cathéter.

Après avoir mis ainsi notre procédé de dilatation en parallèle avec la dilatation ordinaire et la dilatation forcée ou divulsion, il ne nous reste plus qu'à l'étudier en regard de l'uréthrotomie. C'est ce que nous allons faire.

C. URÉTHROTOMIE INTERNE.

Inventée par les chirurgiens français, cette opération est encore aujourd'hui très-fréquemment employée dans notre pays selon la méthode et avec l'instrument de Maisonneuve. Quand on a suivi les cliniques de l'hôpital Necker et assisté aux nombreuses opérations de ce genre, pratiquées par l'habile chirurgien du service Civiale, M. Guyon, on ne peut nier que les résultats soient le plus souvent satisfaisants. Sous la main habituée d'un spécialiste, le manuel opératoire paraît simple et facile et, grâce à la rapidité d'exécution, l'opération est assez bien supportée par le malade.

Toutefois, en voyant parfois M. Guyon avoir une certaine peine à passer son cathéter courbe qui doit guider la lame de l'uréthrotome, nous nous sommes demandé si un praticien moins expérimenté dirigerait avec autant de sûreté et de succès le cathéter d'abord, puis la lame de l'instrument dans son double mouvement de section d'avant en arrière et d'arrière en avant. Nous ne le pensons pas. L'introduction du cathéter conducteur est, en effet, le plus souvent, un temps délicat. M. Reverdin lui-même n'hésite pas à dire dans sa remarquable thèse que ce temps est, en réalité, le plus difficile de l'opération, et que c'est pendant cette introduction du cathéter conducteur qu'on pourrait s'exposer facilement, si on employait la force au lieu de la douceur, à faire des fausses routes.

Quant au temps décisif de l'introduction dans l'urèthre et du passage sur le conducteur de la lame de l'uréthrotome de Maisonneuve, il nous paraît, lui aussi, assez difficile. Il faut évidemment une grande habileté dans la conduite de cette lame pour faire porter l'incision exclusivement sur les tissus pathologiques du rétrécissement. Aussi MM. Voillemier et Dolbeau, entre autres, ont-ils formulé, preuves en mains, de graves objections contre ce temps de l'uréthrotomie. Ces deux chirurgiens ont cité, le premier, un cas dans lequel on trouva, à l'exploration du canal, jusqu'à 6 petits rétrécissements, et le second deux cas, avec pièces à l'appui, où l'urèthre avait été divisé dans toute sa longueur et dans l'un desquels le rétrécissement lui-même avait résisté. Nous comprenons, après cela, que M. Reverdin recommande de ne pas, à l'exemple d'A. Richard, jouer du violon dans l'urèthre et conseille instamment de mettre dans ce temps de l'opération toutes les précautions possibles.

Ainsi donc, les deux temps de l'uréthrotomie, qui sont le propre de cette opération, c'est-à-dire le passage du cathéter conducteur et la section du rétrécissement avec la lame à pointe mousse de Maisonneuve, réclament de la part du chirurgien une grande habitude et une certaine habileté. Aussi croyons-nous être dans le vrai en disant que sur ce point particulier, l'instrumentation et le manuel opératoire de la dilatation immédiate progressive sont beaucoup plus simples et bien mieux à la porté de tous les praticiens. Nous ajouterons encore qu'ils sont beaucoup moins effrayants pour le malade. Nous sommes, en effet, de l'avis de Thompson qui, en appréciant l'uréthrotomie, s'exprime ainsi : « Nous ne devons pas nous dissimuler la frayeur instinctive qu'inspire l'instrument tranchant. Le peuple anglais, qui n'est pas très-enthousiaste du tranchant de fer, accueille avec faveur tout ce qu'on peut y substituer. » Nous croyons que les malades ne diffèrent guère entre eux, qu'on les observe de l'un ou de l'autre côté du détroit et que ce que Thompson dit de l'appréhension de ses compatriotes pour l'instrument tranchant peut, sans injure aucune, trouver son application ailleurs, voir même en France.

Ceci dit sur la difficulté comparative du manuel opératoire de la dilatation immédiate progressive et de l'uréthrotomie interne, nous arrivons aux accidents qui peuvent survenir pendant ou après cette dernière opération.

Tout d'abord, nous trouvons la douleur. Grâce à la célérité avec laquelle le chirurgien fait glisser la lame sur le conducteur, la douleur de la section, habituellement assez vive, est de peu de durée. Surpris par le brusque passage

de la lame à travers son rétrécissement, le malade manifeste
le plus souvent par un soubresaut assez énergique, la vive
douleur qu'il vient d'éprouver. Une fois l'instrument retiré
du canal et la sonde à demeure introduite à sa place, cette
première douleur s'apaise en général et disparaît quelquefois complétement ; mais, plus tard, une douleur plus ou
moins intense réapparaît au niveau de la plaie et persiste
souvent pendant tout le temps du séjour de la sonde à demeure. Enfin, pendant la durée du travail de cicatrisation,
les malades accusent une cuisson assez marquée chaque fois
que l'urine passe au contact de la plaie de leur canal ; de
plus, la plupart voient leur douleur se renouveler à chaque
cathétérisme nécessité par la dilatation consécutive.

Au total, malgré le peu de gravité de ce premier accident de l'uréthrotomie, la douleur, avec laquelle il faut
cependant compter, surtout dans la clientèle, nous
sommes en droit de mettre à l'actif du procédé que nous
avons étudié, la dilatation immédiate progressive, l'absence
presque complète de phénomènes douloureux pendant son
application, comme aussi pendant la courte durée du traitement consécutif.

L'hémorrhagie est un second accident de l'uréthrotomie
interne. Elle peut être divisée en immédiate ou primitive,
et consécutive : sur 52 opérations citées dans la thèse de
M. Reverdin, l'hémorrhagie s'est bornée, dans 48 cas, à
quelques gouttes de sang ou à une cuillerée au plus. Dans
un cas, elle fut assez abondante, mais ne persista pas. Dans
3 cas, elle se prolongea davantage, sans prendre toutefois
les proportions inquiétantes : une fois, les urines s'écou-
lèrent mélangées de sang pendant douze heures et des appli-
cations de glace furent nécessaires pour arrêter l'écoulement sanguin ; dans les deux autres de ces trois cas, l'écoulement sanguin persista deux jours. Quant à l'hémorrhagie

consécutive, elle se présente ordinairement au bout de vingt-quatre ou trente-six heures, lorsqu'on retire la sonde à demeure. Dans les trois cas où elle a été observée par M. Reverdin, elle a été peu abondante et sans gravité.

Ainsi donc, bien que l'hémorrhagie ait notablement diminué de fréquence et d'intensité depuis qu'on a justement abandonné les grandes incisions préconisées par Reybard ; elle se présente encore quelquefois dans l'uréthrotomie, même chez les malades opérés à l'hôpital Necker, dans le service de M. Guyon, où, nous devons le dire, l'uréthrotomie interne est pratiquée toujours avec habilité, prudence, et avec la connaissance exacte de la nature, du nombre et de l'étendue des rétrécissements. Nous ne croyons pas douteux qu'elle ne soit beaucoup plus fréquente et plus à craindre entre des mains moins habiles. Mais en nous tenant, pour terme de comparaison, à la pratique même du service Civiale, à Necker, nous n'en sommes pas moins autorisés à dire que l'hémorrhagie est encore bien plus exceptionnelle dans le procédé de dilatation de M. Le Fort que dans l'uréthrotomie interne. Nos observations le démontrent, mais on le conçoit, en quelque sorte *à priori*. M. Le Fort n'a jamais eu une hémorrhagie inquiétante, et dans la plupart des cas il exécute la dilatation rapide du rétrécissement sans amener une seule goutte de sang. Quant à l'hémorrhagie consécutive après le retrait de la sonde à demeure, elle fait également complètement défaut.

Dans l'uréthrotomie interne, après la section de dedans en dehors du rétrécissement, on observe constamment un certain degré d'uréthrite qui accompagne le travail d'organisation de la plaie. MM. Reverdin et Martinet s'accordent à dire que c'est là un phénomène nécessaire, inévitable à la suite de cette opération. Le plus souvent, cette uréthrite se caractérise par de la douleur pendant la miction et par

un écoulement muco-purulent qui cesse spontanément après
un temps variable. Mais dans certains cas, l'inflammation
de la muqueuse de l'urèthre peut acquérir une acuité plus
grande et présenter une durée et une persistance qui font
alors d'elle un véritable accident. On peut encore considérer, comme se rattachant à l'uréthrite, l'apparition d'une
poussée d'orchite plus ou moins intense survenue chez quelques malades de M. Guyon, dont l'inflammation et l'écoulement du canal étaient plus considérables que d'habitude.
Ces divers accidents d'uréthrite ne s'observent à peu près
jamais dans la dilatation immédiate progressive. Ils sont,
dans tous les cas, très-exceptionnels.

La fièvre uréthrale nous paraît, et plus constante, et
surtout plus intense après l'uréthrotomie interne qu'à la
suite de la dilatation immédiate progressive. Dans une première catégorie de cas d'uréthrotomie cités par M. Reverdin, on constate le jour même de l'opération une légère
augmentation de température qui s'accroît jusqu'au lendemain soir, où elle a atteint, en tout, en moyenne, un degré
au-dessus de la normale. Puis elle revient à la normale.
Dans une deuxième catégorie de faits, on a observé tantôt
un frisson avec une élévation brusque de la température
suivie d'un abaissement tout aussi brusque. Dans certains
cas, les frissons se sont répétés plusieurs fois, de suite, et
cela parfois jusqu'au quatrième jour. Dans la thèse de M.
Martinet, nous voyons que dans les opérations plus récentes
d'uréthrotomie pratiquées par M. Guyon, la température a
suivi une marche à peu près semblable, atteignant parfois
un chiffre assez élevé et s'accompagnant de frissons répétés.
Si nous rapprochons ces résultats de ceux consignés dans
nos observations, nous voyons qu'après la dilatation immédiate progressive par les cathéters métalliques, la fièvre
manque le plus souvent ; l'élévation de température, quand

elle existe, est presque toujours de quelques dixièmes de degré seulement. Elle atteint rarement un degré et ce léger mouvement fébrile, quand il se montre, ne persiste pas au delà de vingt-quatre heures, quarante-huit au plus.

En ce qui touche la mortalité par l'uréthrotomie, il ne nous paraîtrait pas équitable d'invoquer certaines statistiques, bien connues cependant, et où le chiffre des morts atteint des proportions véritablement effrayantes. Nous pensons, avec M. Martinet et son savant maître, M. Guyon, que pratiquée par *une main prudente et expérimentée* « that is the question » l'uréthrotomie interne sera bien rarement la cause directe de la mort; mais il nous sera permis de faire observer avec M. Le Fort que, malgré tout, « les cas de mort ne sont pas très-rares et que la mortalité ne fût-elle que de 3 p. 100, est une mortalité élevée, quand il s'agit d'une maladie qu'on peut guérir sans mettre sérieusement en danger la vie du malade. » C'est précisément ce à quoi parvient, par son procédé de traitement, le savant chirurgien de Beaujon, qui n'a jamais, nous l'avons dit plus haut, perdu un seul malade.

Après l'uréthrotomie, les rétrécissements sont, habituellement du moins, largement rompus; mais la plaie produite dans le canal ne permet pas au chirurgien de recourir immédiatement à la dilatation par les bougies, complément obligé du traitement. M. Guyon est même d'avis d'attendre assez longtemps avant de pratiquer cette dilatation consécutive. L'époque à laquelle on y a recours varie un peu suivant les cas et selon la nature des rétrécissements, mais la règle est de n'opérer que sur une cicatrice déjà faite et non susceptible d'irritation. Il faut, pour cela, attendre en moyenne quinze jours. En commençant plus tôt, le passage des sondes est douloureux, on déchire la cicatrice, on retarde sa formation et l'on peut amener des accès de fièvre uréthrale. Nous avons même vu certains malades souffrir du cathétérisme après un temps beaucoup plus long que celui que nous avons indiqué, un mois, par exemple, après l'uréthrotomie. Enfin, quand le passage des sondes est possible et inoffensif, on doit pratiquer la dilatation au moins pendant quinze jours. Cela fait, au total et au bas chiffre un grand mois de séjour à l'hôpital après l'uréthrotomie. Nous n'avons pas besoin d'insister beaucoup pour montrer combien, à ce point de vue si important pour les malades, la durée du traitement, le procédé de dilatation de M. Le Fort l'emporte sur l'uréthrotomie interne. Avec le premier, le malade est rendu après quatre ou cinq jours à ses occupations ; avec l'uréthrotomie interne, il y est soustrait pendant un mois environ.

Enfin, et nous terminerons par là, l'uréthrotomie interne, pas plus que toutes les autres méthodes, ne met par elle-même et par elle seule à l'abri contre les récidives. Pour s'en convaincre, il suffit de parcourir, par exemple, les observations contenues dans les thèses de M. Martinet et de M. Reverdin. Sur les 21 malades dont l'histoire est consignée dans le travail de M. Reverdin, on trouve que 7 d'entre eux avaient été déjà uréthrotomisés : deux l'avaient même été 2 fois et un 3e 3 fois. Du reste, les partisans les plus enthousiastes de l'uréthrotomie n'hésitent pas à déclarer qu'elle n'a pas la prétention de guérir, mais seulement, et c'est beaucoup, de mettre les malades à même de développer ou d'entretenir le degré d'élargissement du canal qu'elle leur a procuré. Si, suivant le conseil qu'on leur en donne, ils s'astreignent à se passer régulièrement des bougies, la guérison persistera ; sinon, non. Sous ce rapport, toutes les méthodes de traitement des rétrécissements sont sur le même pied. La dilatation immédiate progressive que nous avons étudiée dans ce travail ne fait nullement exception, nous le déclarons bien haut ; mais si elle ne vaut ni plus, ni moins que les autres méthodes au point de vue de la guérison radicale et définitive des rétrécissements, elle leur est, croyons-nous, supérieure par la simplicité de son application, par l'absence de complications, enfin et surtout par la rapidité de ses résultats. Ces avantages considérables nous permettent de penser que son emploi se vulgarisera et qu'en l'imaginant, M. le professeur Le Fort aura rendu à la chirurgie un nouveau et signalé service.

Paris. — A. PARENT, imprimeur de la Faculté de Médecine, rue M.-le-Prince, 29-31